A MONSIEUR LE MAIRE

ET

A MESSIEURS LES MEMBRES DU CONSEIL MUNICIPAL

de Bordeaux

DÉCEMBRE 1869

BORDEAUX
IMPRIMERIE CENTRALE A. DE LANEFRANQUE
Rue Permentade, 23-25

1869

A MONSIEUR LE MAIRE

ET

A MESSIEURS LES MEMBRES DU CONSEIL MUNICIPAL

DE BORDEAUX

Messieurs,

Lorsque M. le Maire soumit au Conseil Municipal de Bordeaux le Projet de Budget de 1869, j'étais en instance auprès de Son Excellence M. le Ministre des Finances, pour obtenir ma mise à la retraite à partir du 1er janvier 1869; et M. le Maire, ne doutant pas du succès de ma demande, jugea convenable d'appeler l'attention du Conseil sur la question de savoir s'il ne lui conviendrait pas de proposer à M. le Ministre de modifier les bases du traitement à donner à mon successeur.

Ce ne fut que le 6 janvier 1869 que la question fut discutée par le Conseil Municipal, et j'appris par les journaux qu'il s'était prononcé pour que le crédit afférent aux remises du Préposé en Chef fût réduit au maximum de 2,000 fr., au lieu du chiffre de 7,000 fr. qui figurait dans les précédents Budgets, sans admettre aucune distinction entre les droits que je pourrais avoir acquis jusqu'au jour de ma mise à la retraite et les droits que pourrait ensuite acquérir mon successeur.

Je crus inopportun de réclamer tout d'abord contre cette proposition, et cela par les considérations suivantes, savoir :

Que mon admission à la retraite me paraissait devoir être prochaine, et que, d'ailleurs, ce ne pourrait être que lorsqu'elle aurait été prononcée qu'il deviendrait possible de se endre compte du chiffre des recettes effectuées pendant ma gestion de 1869, et, par conséquent, du chiffre des remises auxquelles je pourrais avoir droit ;

Que, d'un autre côté, c'était M. le Ministre des Finances qui avait fixé mon traitement ; qu'il fallait donc que la réduction de ce traitement fût approuvée par lui, et qu'il me paraissait impossible d'admettre qu'en retardant ma mise à la retraite, il pût avoir la pensée de me faire subir une réduction de traitement que rien ne semblait justifier, et qui, d'ailleurs, serait susceptible, en principe, de faire réduire le chiffre de ma pension de retraite.

Mais la fin de l'année approche, et je suis encore en fonctions ; d'où suit que ma position est tout à fait perplexe.

Vous daignerez donc m'excuser si, au lieu de recourir directement à M. le Ministre des Finances, dont l'autorité est souveraine en cette matière, et ayant pleine confiance dans votre justice, je prends la liberté de vous demander la modification, pour ce qui me concerne, des propositions que renferme votre Délibération du 21 décembre 1868, en m'appuyant sur les considérations suivantes :

En replaçant dans les attributions des Maires l'Administration des Octrois, qu'un Décret du 8 février 1812 avait confiée à l'Administration des Contributions indirectes, la Législation actuelle y a mis pour conditions : que l'Administration des Contributions indirectes en conserverait la surveillance ; et, de plus, que, dans toutes les communes dont les recettes d'Octroi excéderaient 20,000 fr., le Gouvernement aurait le droit d'établir un Préposé en Chef — qui d'abord devait être nommé par le Ministre des Finances, et ensuite par le Préfet, sur une liste de Candidats présentée par le Maire, — dont le traitement serait fixé par le Ministre des Finances, sur la proposition du Conseil Municipal, et ferait partie des dépenses obligatoires de la commune, mais dont la pension de retraite serait à la charge du Trésor.—(Voir la Loi du 8 décembre 1814, art. 12 ; l'Ordonnance du 9 décembre 1814, art. 88 et 89 ; la Loi du 28 avril 1816, art. 155 ; l'Ordonnance du 12 janvier

1825 ; la Loi du 18 juillet 1837, art. 30 ; et la Loi du 9 juin 1853.)

En exécution de ces dispositions, l'Octroi de Bordeaux avait été administré, de 1815 à 1833, en *Régie simple,* par les soins d'un Préposé en Chef nommé par le Ministre des Finances et recevant le traitement fixé par ce Ministre, lorsque, vers la fin de 1833, l'Administration Municipale, justement préoccupée de la diminution sensible de ses recettes, lesquelles étaient tombées au chiffre de 1,287,596 fr. 81 c. en 1832, crut devoir proposer au Conseil Municipal d'y remédier en ayant recours au système de la *Régie intéressée*, qu'autorisait l'article 104 du Décret du 17 mai 1869; et, après y avoir été autorisée par ce Conseil, elle traita avec M. Moreau, qui, à partir du 1er janvier 1834, devint régisseur intéressé, en garantissant à la ville un chiffre fixe de 1,600,000 fr., plus la moitié des excédants qu'il pourrait réaliser, et qui, à partir du 1er janvier 1839, garantit à la Ville une recette de 1,700,000 fr., et n'eut plus droit qu'au tiers des excédants.

Cette mesure produisit de très-bons effets pour la Caisse municipale, en ce que, dès la première année, les recettes atteignirent le chiffre de 1,910,542 fr. 34 c., ce qui porta à 1,755,276 fr. 17 c. la somme versée dans la Caisse municipale, au lieu de 1,287,596 fr. 81 c. qui avaient été versés en 1832, et que ces recettes s'élevèrent successivement jusqu'au chiffre de 2,105,563 fr. 50 c.

Mais, pour arriver à ce résultat, M. Moreau avait été obligé de lutter avec énergie contre les habitudes de fraude précédemment contractées, — ce qui avait soulevé beaucoup de plaintes, — et, d'un autre côté, il avait bénéficié d'abord de la moitié et ensuite du tiers des excédants, qui, on vient de le voir, avaient été très-considérables.

Dans cette situation, l'Administration Municipale eut naturellement l'idée d'en revenir au système de la *Régie simple*, mais en ayant le soin de remplacer le Préposé en Chef qui était en fonctions depuis 1830, de porter le traitement que devrait recevoir son successeur à un chiffre assez élevé pour tenter l'ambition d'hommes expérimentés et éclairés, et de stimuler le zèle de celui qui serait choisi par des remises proportionnelles à prélever sur les recettes, ainsi que cela se pratique dans la plupart des grandes entreprises industrielles.

Le Conseil Municipal s'associa à cette idée par une Délibération du 7 juin 1841, qui proposa de rétribuer le futur Préposé en Chef en lui allouant un traitement fixe de 8,000 fr., plus des remises proportionnelles calculées comme suit, savoir :

1 p. 100 sur les premiers 100,000 fr. qui excéderaient le chiffre de 1,700,000 fr., que garantissait précédemment M. Moreau ;

Plus, 3 p. 100 sur toutes les autres sommes en excédant ;

Ce qui, en réalité, signifiait qu'au lieu du *tiers* des sommes excédant 1,700,000 fr., que retenait M. Moreau, le Préposé en Chef n'aurait droit qu'à 1 p. 100 sur les premiers 100,000 fr. excédant les 1,700,000 fr., et à 3 p. 100 sur le surplus.

Il est à remarquer, d'ailleurs, qu'il devait suffire au nouveau Titulaire de maintenir les recettes au chiffre de 2,105,563 fr. 50 c., qui avait été atteint sous la Régie intéressée, pour que ses rétributions s'élevassent à 18,466 fr. 66 c.

M. le Ministre des Finances approuva cette Délibération sans aucune difficulté, et, peu de jours après, il nomma Préposé en Chef le premier des Candidats proposés par M. le Maire, c'est-à-dire M. Reyher, qui avait fait preuve d'aptitude et de zèle dans les fonctions aussi importantes que délicates de secrétaire de la Ville, dont il était investi depuis 1830.

M. Reyher avait joui paisiblement, à partir du 1er janvier 1841, date de son entrée en fonctions, de tous les avantages qui lui avaient été promis, en ce sens que, dès la première année, son traitement s'était élevé à 18,787 fr. 38 c., parce que les recettes avaient atteint le chiffre de 2,116,254 fr., et que, pendant les années suivantes, il avait flotté entre le chiffre de 16,000 et celui de 18,000 fr., parce que les recettes avaient été un peu moins élevées, lorsqu'il mourut, le 15 janvier 1850.

Après son décès, M. le Maire dut songer à son remplacement, et, comme l'élévation de son traitement avait été l'objet de quelques critiques, et que, d'ailleurs, nous étions sous le Gouvernement Républicain, qui avait réduit beaucoup de traitements, M. le Maire crut devoir préalablement appeler l'attention du Conseil Municipal sur la question de savoir s'il ne conviendrait pas de profiter de la vacance de l'emploi pour émettre le vœu que le traitement qui y était affecté fût réduit.

Cette proposition fut examinée dans la séance du 21 janvier 1850, et, à la suite d'une discussion contradictoire, qui fut d'autant plus libre et dégagée de toute considération personnelle que le futur Titulaire était encore inconnu et que la liste des Candidats à présenter par M. le Maire n'était même pas encore arrêtée, le Conseil Municipal se prononça à une forte majorité pour que le système des remises proportionnelles fût maintenu, mais en réduisant le traitement fixe à 6,000 fr. et les remises proportionnelles à

1/2 p. 100 sur les premiers 100,000 fr. en excédant ;

1 p. 100 sur les seconds 100,000 fr. en excédant ;

Et 1 1/2 p. 100 sur le surplus des excédants.

Il est bon d'ajouter que, comme l'on attendait l'approbation d'un nouveau Tarif très-différent de celui qui fonctionnait, et qu'il était très-difficile d'en apprécier les produits, le Conseil se réserva la faculté de réviser les bases du traitement qu'il proposait trois ans après la mise à exécution de ce nouveau Tarif.

Cette proposition avait été approuvée sans aucune difficulté par M. le Ministre des Finances, le 9 février 1850, lorsque je fus promu aux fonctions de Préposé en Chef, par Arrêté du même Ministre du 20 du même mois.

Les commencements de ma gestion avaient été heureux ; car les recettes de 1850, comparées à celles de 1849, présentaient un excédant de. . . . . F. 150,986 07°

Et celles de 1851, un nouvel excédant de. . 113,365 04

Ce qui faisait une augmentation, pour la deuxième année, de. . . . . F. 264,355 11°

Lorsque parut le Décret du 17 février 1852, par lequel le Gouvernement, en renonçant pour l'avenir au *dixième* du produit net des recettes des Octrois, qu'il avait perçu jusqu'alors, exigea que toutes les taxes fussent réduites proportionnellement, — ce qui devait avoir pour effet de réduire le produit brut des recettes de l'Octroi de Bordeaux de 180,000 fr. environ, sans aucun préjudice pour la Caisse municipale. Cette mesure réduisait d'une somme annuelle de 2,700 fr. les remises sur lesquelles j'avais dû compter.

M. le Maire pensa qu'il serait juste d'y remédier en réduisant de 1,700,000 fr. à 1,520,000 fr. le chiffre qui devait être affranchi de mes remises ; mais le Conseil Municipal repoussa cette proposition, par une Délibération du 14 février 1853, en se fondant sur ce que l'augmentation des recettes avait dépassé les prévisions qui avaient servi de bases à la Délibération du 21 janvier 1850 ; que, d'ailleurs, la réduction du Tarif, prescrite par le Décret du 17 février 1852, entrait dans les éventualités auxquelles cette Délibération avait subordonné une remise, et qu'enfin, aux termes de cette Délibération, la révision des bases de mon traitement ne devait avoir lieu que trois ans après la mise à exécution du nouveau Tarif.

Quelque sévère que fût cette décision, je m'y soumis, sans même demander qu'elle fût revêtue de l'approbation de M. le Ministre des Finances ; et cela, par déférence pour le Conseil Municipal, et aussi, je dois le dire, parce que les Membres qui l'avaient le plus vivement appuyée me parurent très-disposés à se montrer moins rigoureux lorsqu'il s'agirait de la révision prévue par la Délibération du 21 janvier 1850.

Toutefois, la progression constante des recettes témoigna que mon zèle ne s'était pas refroidi, et je saisis avec empressement l'occasion de prouver combien j'étais éloigné de me laisser influencer par mon intérêt personnel, lorsqu'il était en opposition avec l'intérêt public, en proposant moi-même, en 1854, et dans l'intérêt des classes ouvrières, qui avaient beaucoup à souffrir de la hausse extraordinaire survenue dans le prix des vins, de réduire de 15 fr. à 5 fr. la taxe sur la bière, sans me préoccuper de la diminution qui devait en résulter dans le chiffre de mes remises.

En 1856, le Conseil Municipal eut à s'occuper de la révision prévue et réservée par la Délibération du 21 janvier 1850.

Il y procéda dans la séance du 8 août, et, adoptant les conclusions d'un Rapport excessivement flatteur pour moi, présenté par l'honorable M. Brochon, au nom de la Commission des Finances, il se prononça pour que mon traitement fût maintenu tel qu'il avait été fixé par M. le Ministre des Finances, à la suite de la Délibération du 21 janvier 1850, mais en stipulant qu'il serait soumis à une révision triennale.

Cette condition d'une révision triennale était évidemment insolite, surtout lorsqu'il s'agissait d'un traitement dont la fixation appartenait à M. le Ministre des Finances, et je compris tout d'abord qu'elle pourrait plus tard m'occasionner de sérieuses difficultés ; mais le Conseil s'était montré animé de sentiments trop bienveillants pour qu'il me fût permis de me plaindre, et je me résignai encore à sa Délibération, sans qu'elle eût été revêtue de l'approbation du Ministre.

Cependant, les craintes que j'avais conçues ne manquèrent pas de se réaliser.

Les recettes n'ayant, en effet, cessé de progresser, et étant arrivées, pour 1858, au chiffre de 2,500,706 fr. 55 c.,—ce qui avait élevé mon traitement de ladite année à 16,510 fr. 56 c., sous la déduction d'une retenue de 5 p. 100 au profit de la Caisse des retraites du Trésor, — le Conseil Municipal crut devoir proposer, par une Délibération du 19 août 1859, de ne plus m'allouer de remises que sur les recettes excédant 1,900,000 fr., ce qui devait avoir pour effet direct de réduire encore mon traitement annuel de 3,000 fr.

Cette proposition était certainement rigoureuse et peu en harmonie avec le principe sur lequel reposaient les Délibérations de 1833 et de 1850, principe qui avait été de stimuler le zèle du Préposé en Chef, en subordonnant son traitement au progrès des recettes, ainsi que cela se pratique dans les grandes entreprises industrielles, surtout lorsqu'on remarque que, malgré les progrès inespérés des recettes, mon traitement de 1858 était encore resté inférieur à celui qui avait été prévu pour mon prédécesseur par la Délibération de 1833;

Mais elle était la conséquence de la condition de révision

stipulée dans la Délibération de 1856, à laquelle je m'étais soumis sans réclamation : aussi étais-je décidé à, persister dans mon système de résignation, lorsqu'un nouvel incident vint encore compliquer ma position.

Cette nouvelle Délibération devant, en effet, réduire le traitement que m'avait assuré M. le Ministre des Finances en approuvant la Délibération du 21 janvier 1850, l'Administration Municipale comprit la nécessité de la soumettre à son approbation.

Or, M. le Directeur général des Contributions indirectes, auquel elle avait été adressée, crut devoir la transmettre au Ministre, accompagnée d'un Rapport par lequel il lui exposait, en substance, que, par l'effet de la progression des recettes, mon traitement se trouvait plus élevé que celui des Préposés en Chef des autres grandes villes, lesquels ne recevaient qu'un traitement fixe ;

Qu'à la vérité, cette progression des recettes s'était effectuée pendant ma gestion, mais que les recettes des autres grandes villes avaient également progressé pendant la même période, même dans de plus fortes proportions, sans que mes collègues en eussent retiré aucun profit, et que, dès lors, il paraissait juste que je fusse placé dans les mêmes conditions qu'eux pour l'avenir, et qu'il ne me fût alloué qu'un traitement fixe ne dépassant pas 12,000 fr.

Au vu de ce Rapport, M. le Ministre des Finances se borna à m'allouer, pour 1860, le traitement proposé par la Délibération du 19 août 1859, en faisant ses réserves pour les années ultérieures, et il invita M. le Préfet, par une lettre du 6 novembre 1869, à soumettre au Conseil Municipal les propositions faites par M. le Directeur général.

Dès que j'eus été informé de cette difficulté, je m'empressai de soumettre à M. le Maire et au Conseil Municipal un *Mémoire* dont un exemplaire imprimé sera joint au présent, dans lequel je m'efforçais de combattre les propositions de M. le Directeur général, en faisant remarquer :

D'une part :

Que ces propositions n'étaient pas justes, en ce que je ne pouvais être assimilé aux autres Préposés en Chef, puisque j'étais le seul qui reçusse un traitement subordonné aux éventualités des recettes ; que je n'aurais été fondé à former aucune réclamation, si les recettes avaient diminué par l'effet d'événements politiques, qui étaient fort à redouter en 1850, ou de toutes autres éventualités, et qu'il fallait bien admettre comme conséquence raisonnable que je devais profiter des éventualités heureuses qui s'étaient produites, d'autant que la Délibération du 14 février 1853 m'avait appliqué cette règle avec beaucoup de rigueur au sujet de la réduction des taxes prescrites par le Décret du 17 février 1852 ;

D'autre part :

Que les raisonnements de M. le Directeur général, basés sur la supposition que, pendant la même période, les recettes des autres villes avaient progressé comme à Bordeaux, et même dans de plus fortes proportions, étaient évidemment et incontestablement le fruit d'une erreur, vu qu'il était prouvé par des documents officiels produits avec mon Mémoire, que les augmentations de produits constatées dans les autres villes citées par M. le Directeur général n'avaient été obtenues qu'au moyen de nouvelles taxes ou surtaxes, tandis qu'à Bordeaux elles avaient été la conséquence de mesures administratives dont j'avais pris l'initiative, et sans que l'on eût eu recours à aucune taxe ni surtaxe nouvelle.

Le Conseil Municipal reconnut sans doute la justesse de mes observations, car, par Délibération du 31 mai 1861, il persista dans ses propositions du 19 août 1859.

Appelé à statuer définitivement sur ces difficultés et à fixer ainsi mon traitement pour l'avenir, M. le Ministre des Finances prit un Arrêté, sous la date du 11 juillet 1861, par lequel, cédant sans doute à cette considération qu'il ne pouvait être juste de réduire le traitement qui m'était dû pour l'année commencée, et que, d'ailleurs, en le limitant pour l'avenir, il fallait avoir égard aux promesses antérieures qui m'avaient été faites, et sur lesquelles j'avais dû compter, il m'alloua, pour 1861, le traitement proposé par la Délibération du 19 août 1859, et décida, pour l'avenir, que le Conseil Municipal était autorisé à me rétribuer en m'allouant un traitement fixe de 8,000 fr., plus des remises proportionnelles ne pouvant dépasser 7,000 fr. ni être moindres de 4,000 fr., ce qui m'assurait un minimum de 12,000 fr.; circonstance très-importante, en ce que le maximum des pensions de retraite à allouer aux fonctionnaires recevant un traitement moindre de 12,000 fr. ne peut dépasser 5,000 fr., tandis que le chiffre des pensions à allouer aux fonctionnaires recevant un traitement de 12,000 fr. et au-dessus peut s'élever au chiffre maximum de 6,000 fr., suivant la durée des services.

Au vu de cette décision, qui m'était moins avantageuse que ses propositions des 19 août 1859 et 31 mai 1861, le Conseil prit une nouvelle Délibération, sous la date du 9 décembre 1861, m'allouant un traitement fixe de 8,000 fr., plus des remises calculées comme suit, savoir :

1/2 p. 100 sur les premiers 100,000 fr. qui seraient perçus en sus de 2,200,000 fr.;

1 p. 100 sur les 200,000 fr. qui suivraient ;

Et, enfin, 1 1/2 p. 100 sur tous les excédants, mais sous condition que la totalité des remises ne pourrait excéder 7,000 fr. ni être moindre de 4,000 fr.

Or, en tenant compte des faits, le véritable sens de cette Délibération était celui-ci :

Qu'il suffirait que les recettes se maintinssent au chiffre de 2,800,000 fr., qui avait été un peu dépassé l'année précédente, pour que mon traitement s'élevât au maximum de 15,000 fr., autorisé par le Ministre ; mais que toute diminution dans les recettes me ferait subir une réduction de 1 1/2 p. 100 dans mes remises, sans aucun espoir d'augmentation au-dessus de 7,000 fr., quel que fût le progrès des recettes.

En d'autres termes, le système des remises proportionnelles n'était plus maintenu que comme une sorte de condition comminatoire ; et les effets ne s'en firent pas longtemps attendre, car, dès 1862, les recettes descendirent au chiffre de 2,767,830 fr. 92 c., par une suite naturelle de la hausse du prix des blés, ce qui réduisit mes remises au chiffre de 6,517 fr. 46 c., tandis que de l'énorme progression survenue depuis dans les recettes, je n'ai retiré aucun avantage.

Mais je m'empresse de reconnaître que ce résultat a été la conséquence de la Décision ministérielle du 11 juillet 1861, et qu'en présence de cette Décision, le Conseil Municipal ne pouvait se montrer plus bienveillant pour moi qu'il ne l'avait été par sa Délibération du 9 décembre 1861.

Toutefois, depuis 1862, les recettes avaient continué à progresser d'une manière très-sensible, — car elles ont atteint le chiffre de 3,626,064 fr. en 1868, — et d'un autre côté, mon service était devenu beaucoup plus pénible, par l'effet de la loi d'annexion, qui avait nécessité l'augmentation du personnel, lorsqu'au mois d'octobre 1868 je crus devoir demander mon admission à la retraite, à partir du 31 décembre de ladite année, et que M. le Maire, qui ne doutait pas du succès de ma demande, crut devoir appeler l'attention du Conseil Municipal sur la question de savoir s'il ne lui paraîtrait pas convenable de proposer à M. le Ministre des Finances de fixer autrement qu'il ne l'avait fait pour moi le traitement à donner à mon successeur.

Et ce fut dans cette situation que, en approuvant le Budget de 1869, dans la séance du 21 décembre 1868, le Conseil réduisit au chiffre maximum de 2,000 fr. le crédit ouvert pour les remises à allouer désormais au Préposé en Chef, en y mettant pour condition que, pour que le Titulaire eût droit à la totalité de ces remises, il faudrait que le chiffre des recettes atteignît *quatre millions*, et en exprimant la pensée que cette règle me serait applicable pour le temps pendant lequel je serais encore maintenu en fonctions.

Ce fait rappelé, je ne puis croire que vous hésitiez à accueillir favorablement ma demande, quand vous aurez remarqué que, lorsque je suis entré en fonctions, je devais compter que, comme mon prédécesseur, mais dans des proportions beaucoup moindres, je verrais mes remises progresser avec les recettes, et que, loin de là, il est arrivé ceci :

Qu'en réalité, les recettes ont presque doublé pendant ma gestion, puisqu'elles n'avaient été que de 2,077,604 fr. 04°c. en 1849, mais soumises à une déduction de 167,426 fr. pour le Trésor, ce qui réduisait la somme perçue pour la Ville à 1,910,183 fr. 40 c., tandis qu'elles ont atteint le chiffre de

3,626,064 fr. en 1868, et qu'elles dépasseront 3,900,000 fr. en 1869 ;

Que, d'un autre côté, mon service est devenu beaucoup plus important et plus difficile, soit par la généralisation du système des Entrepôts fictifs, — que j'avais proposé en 1852, et qui a puissamment contribué au progrès des recettes, — soit par l'extension du territoire compris dans les limites de l'Octroi, qui a exigé que le personnel fût considérablement augmenté ;

Mais qu'en ce qui concerne mes émoluments, il y a déjà eu deux périodes distinctes, savoir :

La première, de 1850 à 1861, pendant laquelle j'ai été privé d'une partie des remises sur lesquelles j'avais dû compter, par l'effet du Décret du 17 février 1852 et de la Délibération du 7 février 1853 ;

La seconde, de 1862 à 1868, pendant laquelle le chiffre de mes remises a été réduit à un maximum de 7,000 fr., bien inférieur non-seulement au chiffre minimum reçu par mon prédécesseur, mais même à celui auquel j'étais parvenu en 1860 et 1861, par l'effet naturel du progrès des recettes, et quoique le Décret du 17 février 1852 et la Délibération du 14 février 1853 m'eussent fait perdre une somme annuelle de 3,000 fr., et, aussi, quoique le principe qui voulait que le chiffre de mes remises fût subordonné au chiffre des recettes m'ait été rigoureusement appliqué en 1862 ;

Et que la mise à exécution de la mesure proposée par la Délibération du 21 décembre 1868 aurait pour conséquences directes non-seulement de réduire de 5,000 fr. le traitement annuel que j'aurais à recevoir à partir du 1er janvier 1869, jusqu'au jour de mon admission à la retraite, ce qui le réduirait à un chiffre inférieur à celui que j'aurais reçu la première année de ma gestion, mais encore de me menacer d'une réduction dans le chiffre de la pension de retraite qui me sera due par le Trésor, puisque, d'après la Loi du 9 juin 1853, cette pension devra être calculée sur la moyenne de mon traitement des six dernières années, et encore avec cette observation que cette réduction pourrait être d'autant plus forte que mon admission à la retraite serait plus retardée.

Je terminerai par une dernière observation qui, j'ose le

croire, vous paraîtra digne d'être prise en sérieuse considération :

Peu après mon entrée en fonctions, j'avais reçu une lettre de M. le Préfet, m'informant qu'aux termes d'une Décision ministérielle du 3 novembre 1833, les Préposés en Chef étaient admis à opter entre la Caisse municipale et la Caisse du Trésor, pour leurs droits éventuels à la retraite, et m'invitant, en conséquence, à faire mon option.

Je m'étais empressé de répondre que j'optais pour la Caisse municipale, et avais, en conséquence, été soumis à une retenue de 4 p. 100, au profit de cette Caisse, depuis le 1er mars 1850, lorsque plus de trois ans après, le 3 avril 1854, je fus prévenu officiellement qu'aux termes d'une nouvelle Décision ministérielle basée sur les termes de la Loi du 9 juin 1853, je devais subir une seconde retenue de 5 p. 100, au profit de la Caisse générale des retraites, à partir du 1er janvier 1854, mais que j'acquerrais ainsi des droits à deux retraites, l'une à la charge de la Ville, et l'autre à la charge du Trésor.

Je m'efforçai de démontrer, par un Mémoire adressé à M. le Ministre des Finances, que la nouvelle Décision ministérielle ne pourrait m'être appliquée que si on lui donnait un effet rétroactif; que, d'un autre côté, l'éventualité de deux retraites pour les mêmes services était inconciliable avec la jurisprudence constante du Conseil d'État, et je conclus subsidiairement, pour le cas où M. le Ministre des Finances persisterait à m'imposer la retenue de 5 p. 100 au profit du Trésor, à partir du 1er janvier 1854, à ce qu'il me fût permis de retirer de la Caisse des retraites de la Ville le montant des retenues à 4 p. 100 que j'y avais versées depuis le 1er mars 1850, et de verser dans la Caisse du Trésor les retenues à 5 p. 100 pour la même période, afin de pouvoir m'en prévaloir plus tard contre le Trésor, et lorsqu'il s'agirait de la liquidation de ma retraite.

M. le Ministre des Finances persista à me soumettre à la retenue de 5 p. 100 au profit du Trésor, à partir du 1er janvier 1854, et m'autorisa, en outre, à retirer de la Caisse de la Ville les retenues que j'y avais versées ; mais il me refusa l'autorisation de verser dans la Caisse du Trésor les retenues afférentes au traitement que j'avais reçu depuis mon entrée en fonctions jusqu'au 1ᵉʳ janvier 1854.

Je me pourvus au Conseil d'État, et un Arrêté du 17 avril 1857 fit droit à ma demande.

Mais, qu'en est-il résulté ?

C'est que la détermination que j'avais prise, par respect pour la jurisprudence antérieure du Conseil d'État, contraire au cumul des retraites et même au cumul d'une pension de retraite avec un traitement d'activité, jurisprudence qui me paraissait *à fortiori* contraire au cumul de deux retraites pour les mêmes services et pour les mêmes années de services, m'interdit aujourd'hui de demander à la Ville une pension quelconque de retraite ;

Et que, cependant, par un Arrêté du 20 mai 1862, le Conseil d'État, sanctionnant l'opinion émise en 1854 par M. le Ministre des Finances, a reconnu l'ancien Préposé en Chef de la ville de Châlons fondé à exiger une pension de retraite de la Ville, quoiqu'il en eût déjà obtenu une du Trésor pour les mêmes services, et que le total des deux pensions excédât le montant de son traitement d'activité.

Or, je n'ai pas besoin de vous faire remarquer combien cette position est différente de celle qui me serait faite si, étant entré en fonctions avec l'espoir de voir progresser mes remises avec les recettes, et ayant subi toutes les disgrâces mentionnées plus haut, j'étais exposé non-seulement à une forte réduction de traitement jusqu'au moment de mon admission à la retraite, admission qui dépend tout à fait de M. le Ministre des Finances, mais encore à voir ma pension de retraite subir une réduction d'autant plus considérable que mon admission à la retraite sera plus retardée.

C'est donc, je le répète, avec une pleine confiance dans votre justice que je viens vous prier, Messieurs, de modifier les propositions que vous avez à soumettre à M. le Ministre des Finances pour la fixation du traitement que devra recevoir mon successeur, en reconnaissant que jusqu'au jour de ma retraite je devrai continuer à jouir du traitement qui m'a été promis par la Décision ministérielle du 11 juillet 1861 et par votre Délibération du 9 décembre de la même année.

Veuillez agréer, Monsieur le Maire et Messieurs les Membres du Conseil Municipal, la nouvelle assurance du profond respect avec lequel j'ai l'honneur d'être

Votre très-dévoué serviteur,

BRUN.

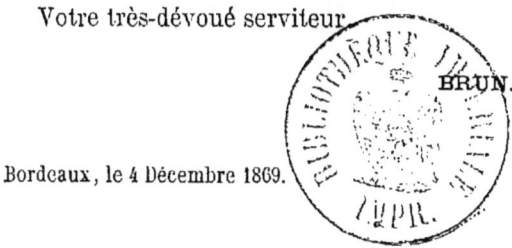

Bordeaux, le 4 Décembre 1869.

12256. — Bordeaux. — Imprimerie centrale A. DE Lanefranque, rue Permentade, 23-25.

www.ingramcontent.com/pod-product-compliance
Lightning Source LLC
Chambersburg PA
CBHW070529050426
42451CB00013B/2929